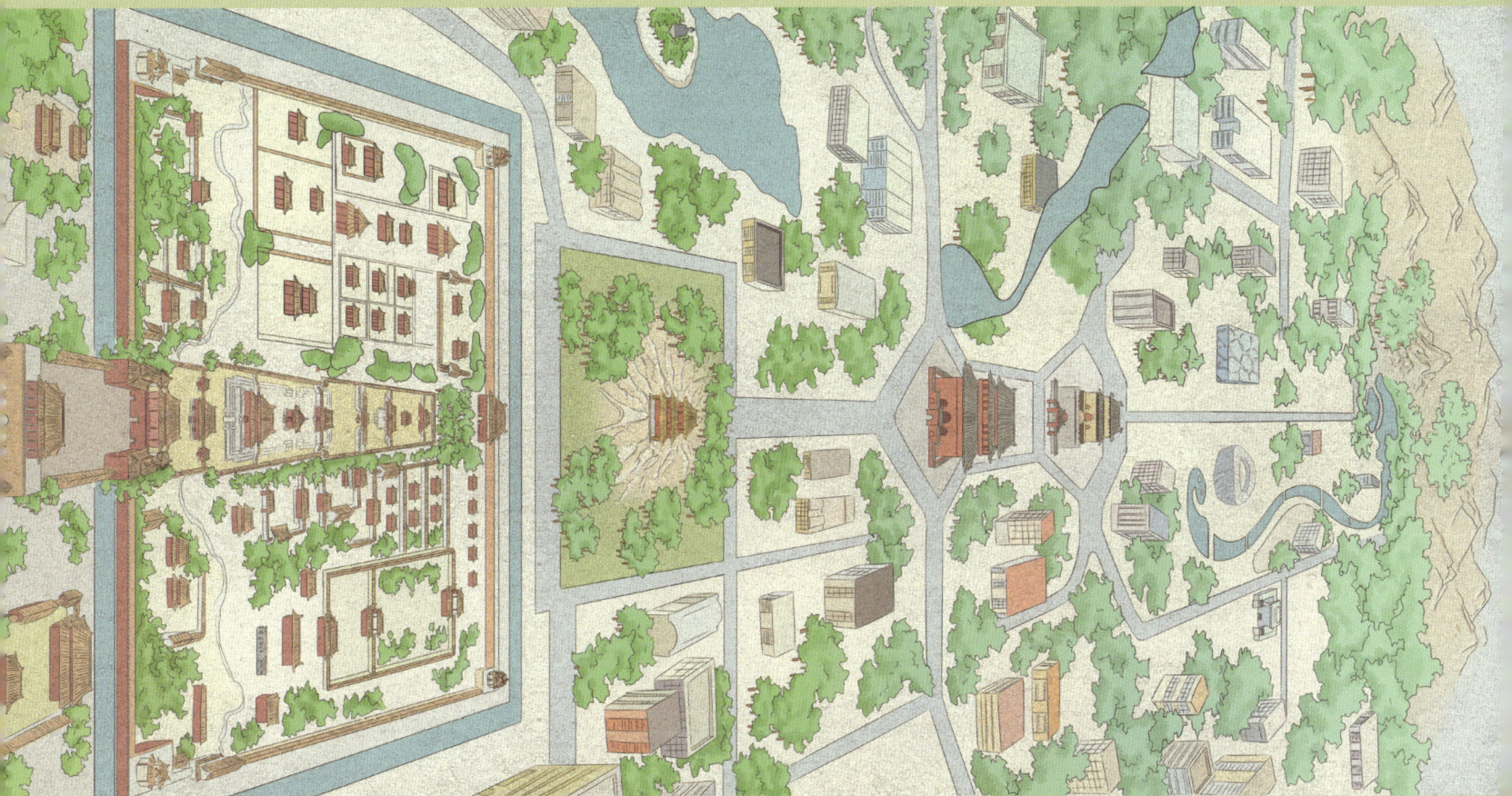

图书在版编目（CIP）数据

北京的中轴线 / 王晓君著. -- 海口：海南出版社，
2025.1（2025.6 重印）. -- ISBN 978-7-5730-1910-3

Ⅰ. K291-49

中国国家版本馆 CIP 数据核字第 2024BR2047 号

北京的中轴线
BEIJING DE ZHONGZHOUXIAN

著　　者：王晓君

插　　画：方　宁

责任编辑：高婷婷

责任印制：郄亚喃

读者服务：张西贝佳

出版发行：海南出版社

总社地址：海口市金盘开发区建设三横路 2 号

邮　　编：570216

北京地址：北京市朝阳区黄厂路 3 号院 7 号楼 101 室

印刷装订：天津联城印刷有限公司

电　　话：0898-66812392　　010-87336670

邮　　箱：hnbook@263.net

版　　次：2025 年 1 月第 1 版

印　　次：2025 年 6 月第 2 次印刷

开　　本：787 mm×1 092 mm　1/12

印　　张：4

字　　数：50 千字

书　　号：ISBN 978-7-5730-1910-3

定　　价：59.90 元

带你看城市系列

北京的中轴线

王晓君 著

海南出版社
·海口·

探秘北京中轴线

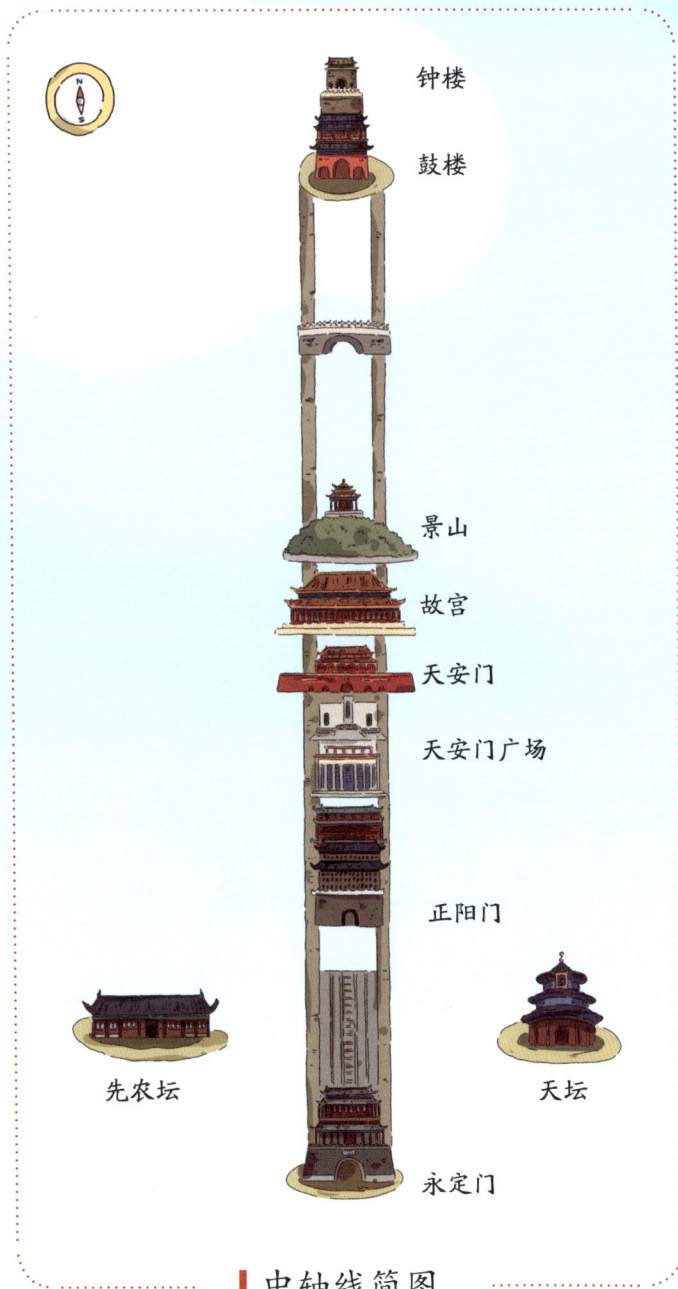

中轴线简图

钟楼
鼓楼
景山
故宫
天安门
天安门广场
正阳门
先农坛
天坛
永定门

我们都知道，北京是中华人民共和国的首都，是中国的政治中心、文化中心、国际交往中心、科技创新中心。北京因为得天独厚的地理位置，历经千年逐渐形成现在的城市格局。但是你知道曾是六朝古都的北京城，现在的壮美秩序是怎么建立起来的吗？

这就是因为，北京有一条承载着千年历史文化的"中轴线"！

周代《考工记》就记载："匠人营国，方九里，旁三门。国中九经九纬，经涂九轨。左祖右社，面朝后市，市朝一夫。"

《吕氏春秋》中也记载："古之王者，择天下之中而立国，择国之中而立宫，择宫之中而立庙。"

因此，古代北京城的设计与建造，是中国"天子居中""中轴对称"文明的传承和延续，特别是故宫将"中轴对称"演绎出至高威仪，建筑大师梁思成把这条轴线定义为"中国古代大建筑群平面中统帅全局的轴线"。

北京地铁路线仅供参考！
建议大朋友、小朋友们出行前，
获取实时信息。

永定门

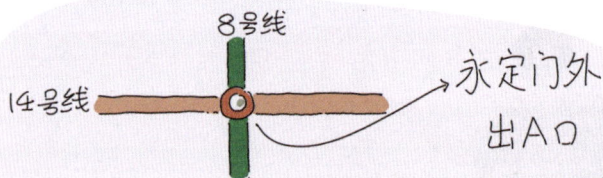

8号线

14号线 → 永定门外 出A口

天坛公园

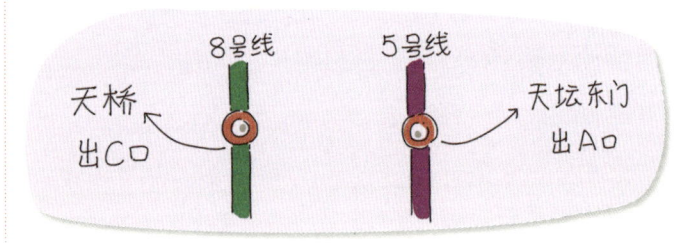

8号线

5号线

天桥
出C口

天坛东门
出A口

先农坛

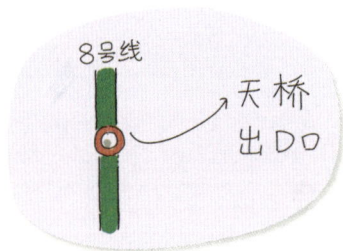

8号线

天桥
出D口

正阳门

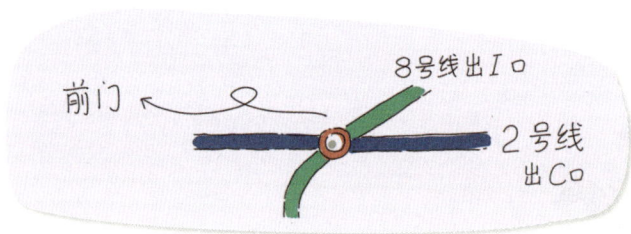

8号线出I口

前门

2号线
出C口

天安门广场、毛主席纪念堂、中国国家博物馆都是免费向公众开放的，如果遇到重要政治活动可能将暂停开放。

天安门广场

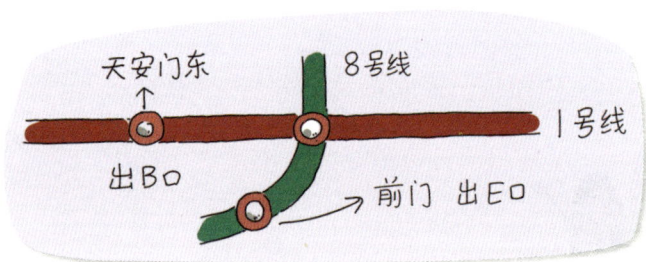

天安门东　8号线
1号线
出B口
前门　出E口

人民英雄纪念碑

毛主席纪念堂

中国国家博物馆

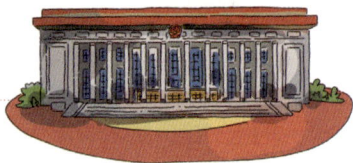

社稷坛位于中山公园内。

社稷坛

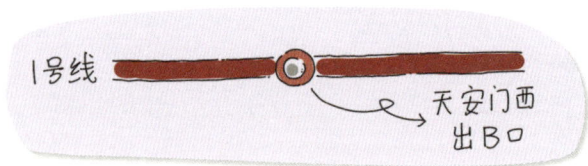

1号线 ———○——————→ 天安门西
出B口

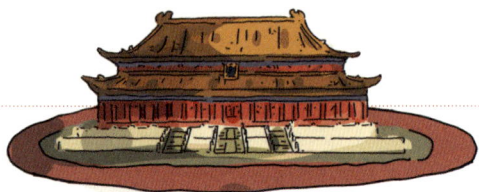

太庙

天安门东 ← 出口

1号线

外金水桥南起天安门广场，
北至天安门城楼；
内金水桥南起午门，北至太和门。

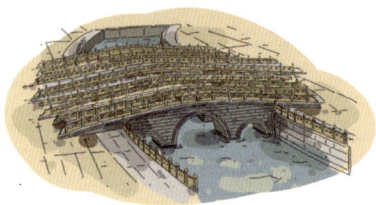

金水桥

端门在午门和天安门之间。端门城楼是明清两代存放皇帝仪仗用品的地方。

端门

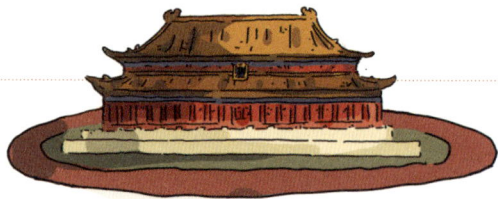

故宫
太和殿

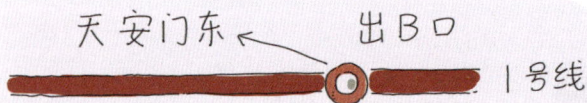

天安门东 ← 出B口
1号线

出了故宫就能看到景山了。

景山

北京市唯一一座还在为社会交通服务的元代桥梁。

万宁桥

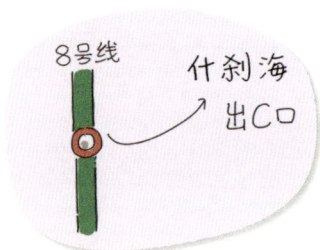

8号线

什刹海
出C口

钟鼓楼是古代报时的特制建筑，"暮鼓晨钟"便由此而来。

鼓楼

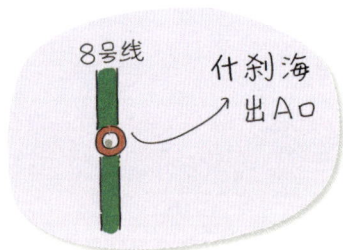

8号线

什刹海
出A口

钟楼就是古代北京城
中轴线的北端点了。

钟楼

2024 年 7 月，联合国教科文组织第 46 届世界遗产大会通过决议，将"北京中轴线——中国理想都城秩序的杰作"列入《世界遗产名录》。时至今日，这条中轴线不仅串联起北京城众多重要建筑，更是承载了深厚的历史文化底蕴。

北京中轴线的历史始于元朝，形成于明朝，纵贯北京老城南北。南端从永定门开始，一路向北经过天坛、先农坛、正阳门、天安门广场，接着穿过天安门、故宫、景山、钟鼓楼……全长 7.8 公里，是世界上现存最长的城市轴线。

明朝时，北京城的修建严格遵照"面朝后市""左祖右社"的古代都城修建规则，围绕着这条轴线形成了前后起伏、左右均衡对称的景观韵律。所谓"面朝后市"，也谓"前朝后市"，是说皇城前面（即南边）是处理朝廷大事的地方，皇城的后面（即北边）是市场；"左祖右社"，是说皇城门外左边（即东侧）是皇帝祭祀祖先的太庙，右边（即西侧）是祭祀土地神、谷物神的社稷坛。

中轴线上的建筑既是古都北京的象征，又是中华文明的象征；中轴线穿起了不同时期北京城的风貌，也穿起了北京不同社会阶层的文化生活。

来北京，跟着我们游走一遍中轴线吧！看一看中轴线上的这些建筑，不仅可以感受北京城古韵与现代繁华的完美融合，更能感受千年传承的中国文化，以及国泰民安的祥和景象。

第一站
永定门！

现在出发！

3

永定门

中轴线的南起点

永定门是中轴线的南起点，和北端的钟鼓楼遥相对应，始建于明嘉靖年间，乾隆年间扩建后形成由城楼、瓮城、箭楼、石桥、值房等组成的永定门建筑群，并保留了两百余年。永定门取名"永定"寓意"永远安定"，是明清时期北京城的重要门户，自北京通往南边的官马大道就由此出发，也是皇帝南巡、南苑围猎和郊劳的必经之地。

我们现今所看到的永定门城楼是 2004 年在原址上复建而成的，它见证了北京城市历史的变迁。

城楼

永定门的城楼是典型的重檐歇山顶建筑，有两层屋檐。屋顶采用了"三滴水"的设计，即在屋顶的边缘形成三个层次的递减，这种设计既美观又能有效排水。角上有翘起的装饰，称为"飞檐"。

城台

北面与城墙取齐，南面凸出于城墙。城台上可以部署弓箭手、火炮等，打击来犯之敌。

瓮城

城门和外城之间的缓冲区域，可以在敌军攻城时提供额外的防御，减缓敌军的进攻速度，为守军组织反击或撤退赢得时间。

箭楼

通常位于城楼的两侧或前方，与城楼共同构成完整的城门防御体系。墙体设有箭窗，守军可以从多个角度射箭，有效地覆盖城门前的区域，对外来攻击进行反击。

5

天坛
世界上最大的古代祭天建筑群

从永定门继续往北走，就到了天坛公园。天坛是明、清两代帝王祭祀皇天、祈求五谷丰登的场所，也是世界上最大的古代祭天建筑群。"中和韶乐"和"天坛传说"已被列为国家级非物质文化遗产，体现了中华民族尊重自然、敬畏天地的传统美德。

站在天心石上高呼，回音很大，好似一呼百应。

天坛内部建筑也有一个小中轴线,向南连接圜丘坛、皇穹宇,向北连接祈年殿、皇乾殿,两组建筑由丹陛桥连接起来,其他建筑也以这个小中轴线呈现对称分布。

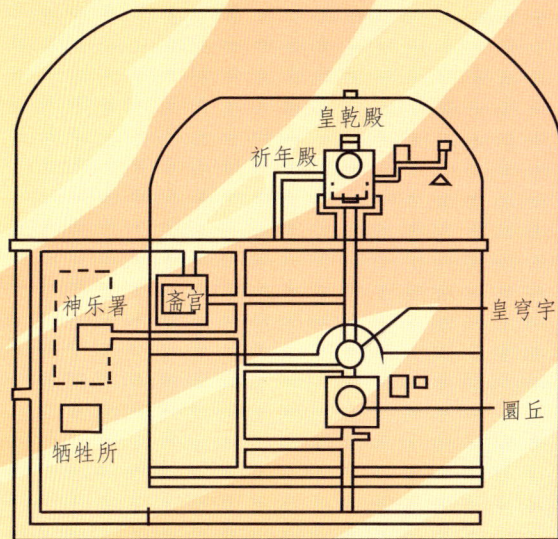

清代天坛平面图

圜丘坛

圜(yuán)丘坛由圜丘、皇穹宇及神厨、神库等配殿组成,是皇帝冬至日举行祭天大典的场所,因此又叫祭天台。其中,圜丘是一个三层露天圆台,中央嵌一块圆形石板,叫"天心石",围绕天心石铺设九圈石板,每圈石板数量都是按九的倍数递增的,而且每一层的四面都有九级台阶,蕴含了丰富的数字象征意义。

古代把一、三、五、七、九单数称为"阳数",又叫"天数",而九则是阳数之极。所以,圜丘的层数、台面的直径、墁砌的石块、四周的栏板均用天数,表示古人对于上天的崇高地位的朴素认知。

回音壁

回音壁是北京天坛皇穹宇的围墙，奇妙之处在于它的声学效果，两个人分别在东、西配殿后贴墙而立，对着墙壁说话，对方就能清楚听到，非常有趣。

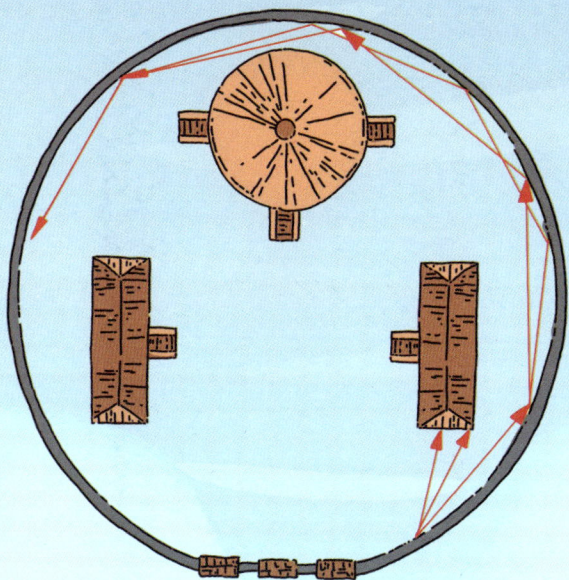

回音壁奇妙的传音主要是利用了声音的反射和折射原理

回音壁的围墙由磨砖对缝砌成，墙面非常光洁平整，且弧度规则，接近圆周率。这样的构造有利于声波的规则反射和折射。

当一个人在围墙一侧说话时，声波能够沿着围墙连续多次反射，而不是散射到各个方向。声音在传播过程中，基本符合弹性体波动方程在表面的边界条件，可以很容易地被墙面接收并进行传播。

回音壁上端覆盖的琉璃瓦也起到了一定的作用，它使声波不至于散漫地消失，进一步增强了回音效果。

祈年殿

祈年殿是皇帝每年新春进行"祈谷"仪式的地方，即祈求五谷丰登、国泰民安。初建于明永乐年间，当时名为"大祀殿"；明嘉靖年间改为三重檐圆殿，并更名为"大享殿"；到了清乾隆年间，又改三色瓦为统一的蓝瓦金顶，定名"祈年殿"，形成了今天我们所见的规模和样式。

殿内二十八根顶梁大柱分作三圈：中间四根龙井柱，象征春夏秋冬四季，上面有海水、江崖、缠枝西番莲三样鎏金图案，代表着江山永固、吉祥如意；龙井柱外圈有十二根略细的金柱，象征十二个月；最外圈是与门窗相连接的十二根檐柱，象征十二个时辰。金柱和檐柱共二十四根，又象征二十四节气。总共二十八根金丝楠木柱也象征着天空中的二十八星宿。

先农坛
皇帝亲自耕地的地方

逛完天坛公园就可以去先农坛了。先农坛与天坛以中轴对称，东西遥相呼应，是明、清两代帝王祭祀山川神和神农以及举行耕耤典礼的场所，主要建筑包括太岁殿、观耕台、庆成宫等。民以食为天，古代经济、交通都不发达，老百姓首要做的就是种庄稼养活自己，所以历代帝王都非常重视农耕。每年春天，皇帝要亲领着文武百官在先农坛祭祀山川，举行亲耕大典。

现在，先农坛是北京古代建筑博物馆所在地。

12

天桥

古代皇帝前往天坛、先农坛必经一座汉白玉小桥——天桥，这座桥只能皇帝走，禁止其他人行走，所以称之为天桥。后来封建王朝逐渐衰落，这座汉白玉小桥也逐渐消失，但是"天桥"这个地名却保留了下来，逐渐形成老百姓玩耍游乐的市集。

①选吉日

由礼部提请，钦天监观天后确定日期，一般选在仲春吉"亥日"。

②定名单、准备用具

礼部奏请亲耕及从耕的三公九卿名单。顺天府准备皇帝躬耕的耒耜（lěisì）、犁、丝鞭、青箱以及黄牛犊、稻种等。

③斋戒

亲耕前两天，皇帝在斋宫斋戒，从耕官员以及随从官员们在家斋戒。

④仪式前准备

亲耕前一天，皇帝在紫禁城阅览祭文。太常寺官员和顺天府尹把耕耤谷种及农具护送至先农坛。工部官员布置观耕台，顺天府官员布置亲耕现场，鸿胪寺官员确定耕耤现场的各级官员站立序位，摆放标识牌。

⑤亲耕

皇帝在庆成宫下御辇，走到先农神坛祭拜先农。之后，到具服殿更换龙袍准备亲耕。耤田一亩三分，皇帝亲耕位在正中，右扶犁、左手执鞭，在太常寺銮仪卫堂官二人的恭导下，皇帝开始行耕耤礼。顺天府丞捧青箱，户部侍郎紧随其后播种，皇帝三推三返。

⑥**观耕**

礼部尚书奏请皇帝登观耕台观看。

⑦**亲耕礼成**

皇帝观耕后去庆成宫休息，剩下的由官员及耆老农夫耕完。礼部尚书到庆成宫奏报耕耤礼成，皇帝赏赐众人后就起驾回宫了。

一亩三分地——皇帝亲耕仪式

　　皇帝本人在这里有一块一亩三分大小的土地，亲自赶着耕牛耕地，表示对农业的重视。因此诞生了俗语"一亩三分地"。这一亩三分地上产出的粮食不是给皇帝吃的，等秋天这块土地上的粮食丰收后，都会收集到一个专门的神仓中，供皇家祭祀使用。

大栅栏

老北京的商务中心

继续往北走就来到了大栅栏（dàshílànr）。

明朝孝宗皇帝时，为了治理京城的社会治安、预防盗贼，在北京各条街巷口，设置了木质栅栏，栅栏由所在地居民出资修建。直到清朝末年，北京的街道上共修建了一千九百多座栅栏。其中，位于正阳门前的廊房四条的栅栏是由前门的大商贾出资修建的，比其他的栅栏都大，因而被称为大栅栏。

历史悠久的老字号店铺

"看玩意上天桥，买东西到大栅栏"
"头顶马聚源，脚踩内联升，身穿八大祥，腰缠四大恒"，这些老北京顺口溜反映的就是早年间大栅栏作为商业街的繁华景象。

马聚源

清朝末期，马聚源帽店被誉为北京帽业之首，它生产的帽子，因用料讲究、做工精细、品种齐全、花色繁多、货真价实而著称于世。

八大祥

祥义号、瑞蚨祥、瑞生祥、瑞增祥、瑞林祥、益和祥、广盛祥、谦祥益，都是经营丝绸的老字号。

内联升

以为皇亲国戚、朝廷文武百官制作朝靴起家，"内"指大内宫廷，"联升"意为顾客穿上此店制作的朝靴，可以官运亨通，连升三级。

四大恒

恒利、恒和、恒兴、恒源，四大钱庄。

正阳门

京师九门之首

　　大栅栏往北，沿着前门大街走，就能看到正阳门的箭楼了，也即将进入戒备森严的北京内城的南大门——正阳门，俗称前门、前门楼子、大前门。

　　正阳门始建于明成祖永乐年间，已有约六百年的历史，是"京师九门"中规模最大、形制等级最高的城门，实际包括城楼、箭楼与瓮城，现仅存城楼和箭楼。从城楼上向北可俯瞰天安门广场，从箭楼上向南可俯瞰前门大街，遥望永定门城楼。

箭楼

　　箭楼东、南、西三面设有箭窗，正阳门箭楼共有箭窗94个，这些箭窗分布在不同高度和角度，可以覆盖广泛的射击范围，确保无死角。

城楼

城楼坐落在砖砌城台上，城楼屋顶为重檐歇山顶，覆盖着灰筒瓦，绿琉璃瓦剪边。城楼的装饰非常精美，采用的是一字方心墨线小点金旋子彩画，体现了极高的艺术价值。

京师九门

过了正阳门，就正式进入北京内城了。明朝按照"九经九纬""前朝后市""左祖右社"的古代城市修建规则，修建了一座方方正正的内城，城墙上开设九个城门，除了南边有三个城门，东西北各有两个城门。

德胜门为出兵征战之门，走兵车。"德胜"寓意胜利，所以古代出兵作战都从德胜门出发。

"京师九门"说的就是北京内城的这九座城门。

西直门走水车，往皇宫送水。

阜成门走煤车，运煤进城。

宣武门门外设护卫校场，走囚车。

崇文门和宣武门的命名遵循古代"左文右武"的礼制，两门一文一武对应，取"文治武安，江山永固"之意。

西直门　阜成门

安定门走粪车、垃圾车。外出作战的部队凯旋
的时候也走安定门，寓意天下安定。

德胜门 **安定门**

东直门

朝阳门

东直门走木车，运木材、沙石。

朝阳门走粮车，运送漕粮。现在朝阳门内
的地名还有"禄米仓""海运仓""新太仓"
等，都是当年存放官粮的仓库。

崇文门走酒车，收酒税。

宣武门 **正阳门** **崇文门**

只有正阳门走龙车，也就是皇帝才能走
正门，其他人只能走正阳门的旁门。

天安门广场
世界上最大的城市中心广场

过了正阳门，就是首都北京的中心广场——天安门广场，面积达40万平方米，是世界上占地面积最大的城市中心广场。毛主席纪念堂、人民英雄纪念碑、国旗就在广场的中轴线上，人民大会堂和中国国家博物馆对称分布在广场两侧。

天安门

天安门是明清皇城的正门，明代的时候叫承天门，清代改叫天安门，一直沿用到今天。1949年毛主席在天安门城楼宣告中华人民共和国成立，从此天安门就成为中国的象征，被设计进了国徽，写入了课本。

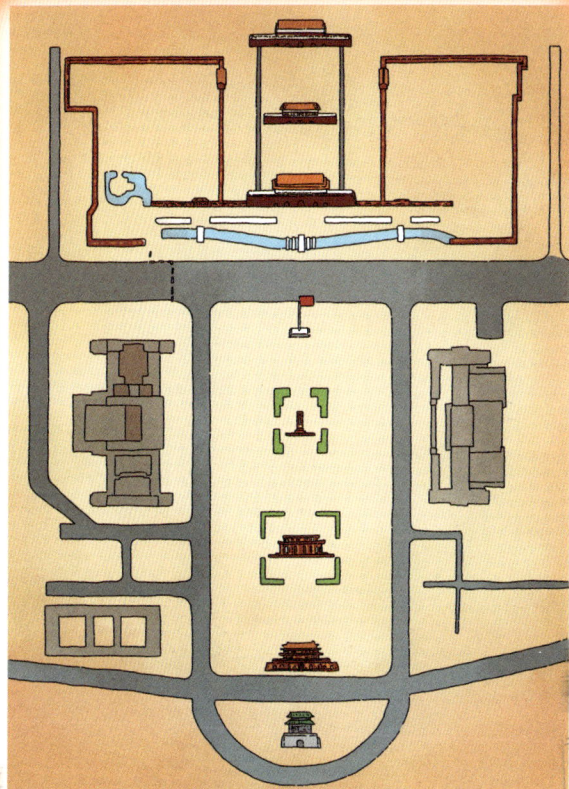

天安门广场及周围建筑平面图

故宫

世界上规模最大、保存最完整的宫殿建筑群

　　穿过天安门城楼就到故宫了，故宫位于北京中轴线的中心，也是古代整个北京城的核心。

　　故宫又称紫禁城，是中国明清两代 24 位皇帝的皇宫，距今已有 600 余年的历史。

午门

　　午门是北京故宫的正门，东西北三面城台相连，呈"凹"字形环抱一个方形广场。午门共有五个门洞，正中三个为主要通道，两侧各有一个掖门。中门是皇帝专用，只有皇帝大婚时皇后乘坐的喜轿可以从中门进宫；通过殿试选拔的状元、榜眼、探花，在宣布殿试结果后可从中门出宫。东侧门供文武官员出入，西侧门供宗室王公出入，两掖门在大型活动时开启。

外朝和内廷的布局

外朝的中心为太和殿、中和殿、保和殿，统称三大殿，是国家举行大典礼的地方；内廷的中心是乾清宫、交泰殿、坤宁宫，统称后三宫，是皇帝和皇后居住的正宫，此外还有妃子们居住的东西六宫。

神武门
承光门
钦安殿
御花园
坤宁门
西暖殿　坤宁宫　东暖殿
交泰殿
乾清宫
乾门

后右门　保和殿　后左门
中和殿
中右门　太和殿　中左门
右翼门　　　　　左翼门
弘义阁　　　　　体仁阁
贞度门　太和门　昭德门
熙和门　　　　　协和门
内金水桥
西雁翅楼　午门　东雁翅楼

太和殿、中和殿、保和殿这三座大殿，是故宫这条轴线上最核心的建筑。

保和殿

明代的时候，保和殿主要是皇帝在各种大典前更换衣服的地方。到了清代，保和殿成了每年除夕、正月十五给王公贵族赐宴的地方。保和殿还是乾隆以来，皇帝亲自出题，给贡士们考试的地方，谁能考得状元就看他在这个大殿里的表现了。

中和殿

通常皇帝先在中和殿接受主持庆典的官员的朝拜和奏事，再前往太和殿参与庆典。在祭天坛、地坛等之前，皇帝也会在中和殿阅视祝文。

太和殿

老百姓俗称它为金銮殿，是故宫等级最高的建筑物。皇帝虽然不在太和殿上常朝，但是一些最重要的典礼，比如皇帝登基即位、皇帝大婚、册立皇后、命将出征等，都在太和殿举办。每年的万寿节（也就是皇帝生日）、元旦（指现在的农历春节）、冬至这三大节，皇帝会在太和殿接受文武官员的朝贺，并向王公大臣赐宴。

脊兽

故宫里的脊兽，也称为屋脊兽，是中国古代建筑中一种特殊的构件，主要安装在宫殿等建筑的屋顶上。脊兽不仅具有保护木栓和铁钉，防止漏水和生锈，对屋脊的连接部起固定和支撑等作用，还蕴含着深厚的文化意义。

垂兽

垂兽原型来自古代传说中龙的三子嘲风，为鳞虫之长，平生好险又好望，具有威慑妖魔、清除灾祸、辟邪安宅的作用。

行什

人身猴脸，传说有防雷和消灾免祸的功能。它是太和殿独有的脊兽。

斗牛

牛头，身上有龙鳞，属于虬螭类龙，寓意防止水患灾害。

獬豸（xièzhì）

形似鹿，头上有独角，据说它能辨别是非曲直，是司法公正的象征。

狻猊（suānní）

类似狮子的神兽，喜静、好坐、喜烟火，据说可以降服百兽，护佑平安。

押（yā）鱼

龙头鱼身，也被称为鳌鱼，与下雨谐音，寓意兴风作雨、灭火防灾。

天马

天马是古代吉祥的化身，象征尊贵，有"天马行空，独来独往"之意，代表着日行千里、开拓疆土。

太和殿上的脊兽

一般情况下脊兽都是奇数排列，最多是九只，乾清宫、天安门、中和殿、保和殿上面的脊兽都是九只，其他殿上的脊兽按等级递减。但是，只有太和殿上面有十只！

海马

也叫落龙子，象征忠勇吉祥，能入海入渊，可逢凶化吉。

狮子

狮子是百兽之王，寓意勇猛威严，石狮子可守护家宅安宁。

凤

凤是百鸟之王，它的出现是祥瑞的代表。不过，当凤和象征着皇帝的龙一起出现时一般理解为皇后的象征。

龙

可携水镇火，是中华民族的象征，也代表着天子的至高无上的尊贵。

骑凤仙人

盖住瓦钉，防止瓦钉生锈，有"逢凶化吉"的寓意。

31

景山

北京城的最高点

出了故宫就可以看到景山公园。景山是北京城的最高点，站在山顶可俯视全城，金碧辉煌的古老紫禁城与现代化的北京城新貌尽收眼底。景山在明清时期是皇帝、后妃祭祖追思的重要场所，园内保存着寿皇殿、绮望楼、万春亭、观妙亭、辑芳亭、富览亭、周赏亭、永思殿、关帝庙等众多古迹。

万春亭

　　景山五亭中最著名的一座当属万春亭，它是一座四角攒尖顶的亭子，位于景山公园最高处，是北京南北建筑中轴线的基点。万春亭被誉为北京中轴线上的制高点、京华览胜第一处。

景山在历史上曾有过多个名称

金朝时，这里是开凿园林堆起的小土丘；元朝时，在土丘上建造皇家建筑延春阁，土丘也改称为青山；明朝时称之为万岁山，煤山；清朝顺治帝改称为景山。

钟鼓楼

古代报时的特制建筑

　　站在景山上，向北遥望就可以看到钟楼和鼓楼了，鼓楼位于南端，钟楼位于北端。

　　古代钟鼓楼的主要功能是报时，按照先击鼓后撞钟的模式，"暮鼓晨钟"便由此而来，这种报时方式一直延续到清朝末年。

鼓楼

　　鼓楼分两层，整体是红墙灰瓦绿琉璃边，第二层有一面大鼓，代表一年，二十四面群鼓，代表二十四节气。

钟楼就是古代北京城中轴线的北端点了。进入现代后，古老的中轴线再次焕发青春，在北京城市的建设上再次起到了重要的作用。

钟楼

钟楼坐北朝南，灰墙黑瓦绿琉璃边，也分两层。第二层有一口制造于明永乐年间的大铜钟，悬挂于八角形木框架上，是中国现存铸造最早、重量最重的古钟，堪称中国的"古钟之王"。钟体全部由响铜铸成，撞击时声音纯厚绵长，方圆数十里内均可听到。

古时城中军民、文武百官闻"亮更"起，闻"定更"息。平旦寅时（凌晨3点到5点）为亮更，也就是天明的意思；黄昏戌时（19时至21时）为定更。

定更和亮更都是先击鼓后撞钟，击鼓的方法是"紧十八，慢十八，不紧不慢又十八"，如此反复两遍，共计108响。

中轴线的两次延伸

1990 年亚运会，中轴线第一次向北延伸至立水桥，经过这次延伸，中轴线的长度由 7.8 公里增加到 13 公里。2008 年北京奥运会，中轴线再次向北延伸到奥林匹克森林公园，长度达到 26 公里。

现在北京中轴线的最北端在奥林匹克森林公园的最高峰——仰山，中华民族园、国家奥林匹克体育中心、国家体育场（鸟巢）、国家游泳中心（水立方）分别位于中轴线两侧。南端延伸至北京大兴国际机场，抵达永定河水系，形成了更加壮美、恢宏的城市轴线。

国家体育场

国家体育场又名"鸟巢"，2008 年北京奥运会期间，开幕式、闭幕式和许多赛事都在这里举行。奥运会后，它成为北京市民广泛参与体育活动及享受体育娱乐的大型专业场所，也成为具有地标性的体育建筑和奥运遗产。

奥林匹克森林公园

　　奥林匹克森林公园采用中国古典园林建造手法，在挖掘奥海湖时，将取出来的土堆积成主山——仰山。仰山山顶的泰山石高5.7米、重63吨，正下方是延伸后的现代北京中轴线的北端点。公园中湖泊与奥林匹克运河组成一条巨大的水龙，从而和北京古城内中轴线西侧的水龙——什刹海、中南海遥相呼应，形成对称性布局。

作者介绍

　　王晓君，资深媒体人，著名历史科普作者，前央媒高级内容运营，现为湖南省网络作家协会会员，北京通州区新联会成员。运营账号"以史为鉴"，全网拥有超过 200 万粉丝，多个平台阅读过亿。

　　曾担任中央电视台《戏说三国》节目嘉宾；央视戏曲频道《说三国》主讲人；今日头条《历史开讲》节目领讲人，主讲三国历史。百家号、网易新闻、搜狐等平台年度作者。

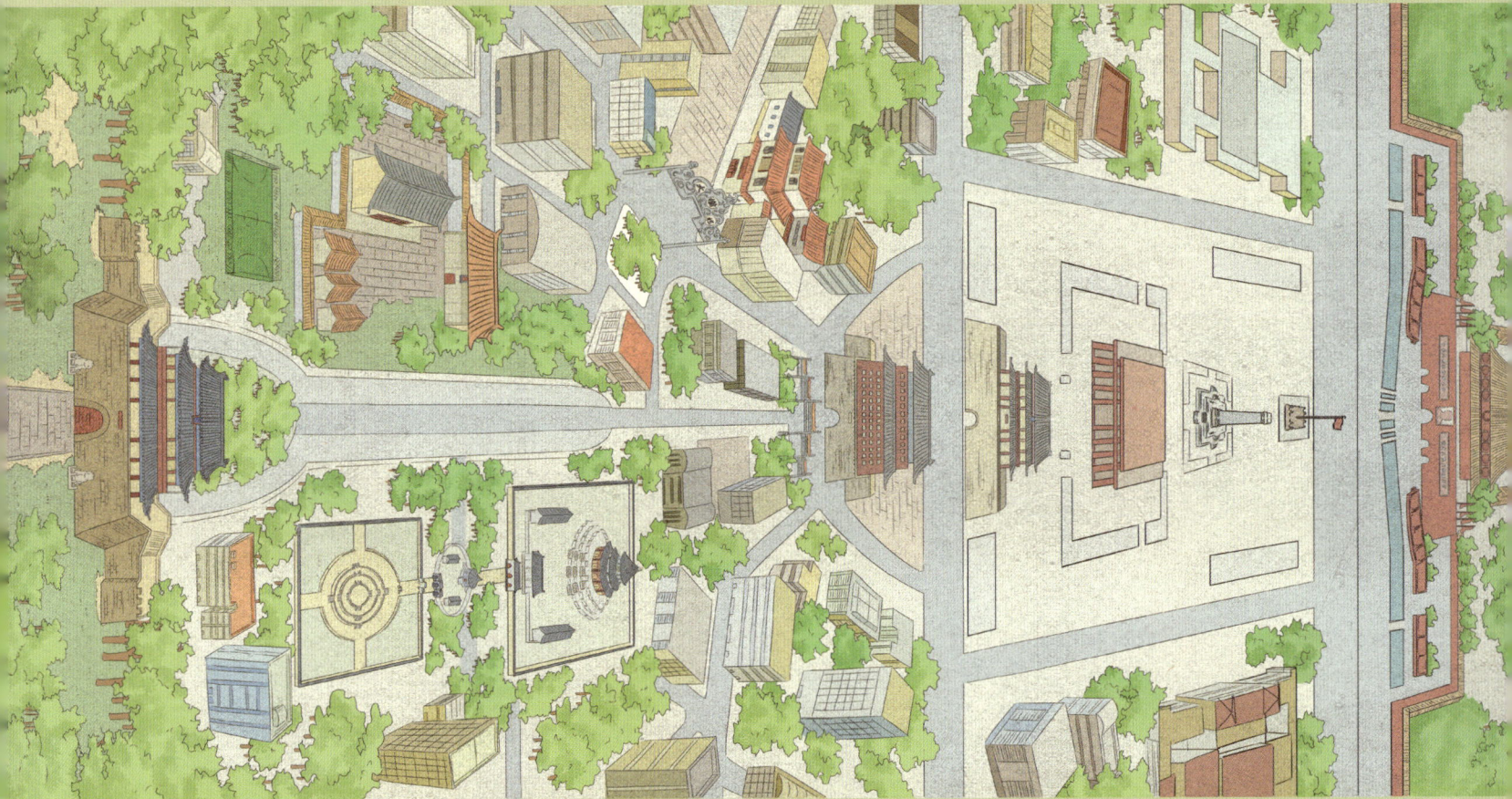